Inhalt

Dampfgaren - Die leckersten Rezepte!

Einfach gesünder, besser und zeitsparend

Mit dem Dampfgarer zu gesunden, vitaminreichen, leuchtenden Speisen

Autor - Hannelore Siebert

Vorwort

Lieber Feinschmecker!
Vielen Dank für Ihre Entscheidung zu diesem Buch. Es wird sich lohnen, und Sie werden viele neue Ideen für ihren Kochalltag bekommen.
Wer kennt das nicht, im gewöhnlichen Leben bestimmt die Familie den Tagesablauf. Speziell, wenn man Kinder hat. Möchten Sie Ihre Familie gut und gesund ernähren und gleichzeitig eine vergnügte Runde bei Tisch haben?
Dieses Buch soll Ihnen Antworten liefern und speziell Ihre Begeisterung für das „Dampfgaren" wecken! Es soll Motivation für Sie sein, Ihren Dampfgarer nicht nur für Gemüse oder Kartoffel zu verwenden, sondern auch Ihre Lieblingsgerichte darin zu zu bereiten.

Ob heiße Piña Colada, Entenbrust mit Honigkruste, Tafelspitz, Fischröllchen auf Gemüsebett, Spargel-Bärlauch-Cappucino, Bruschetta oder gefüllte Kartoffeln - im Dampfgarer zaubern Sie alles im Handumdrehen.

Wie Sie also bereits einleitend erkennen können, kann dieser praktische Küchenhelfer einfach alles. Aber jetzt lassen Sie uns gleich los legen!

Gutes Gelingen und viel Spaß beim Kochen
wünscht Ihnen
Hannelore Siebert

Die größten Vorteile auf den Punkt gebracht

Zu Beginn ist es mir noch wichtig, die größten Vorteile des Dampfgarer auf den Punkt zu bringen. Wir alle leben in einer Zeit, in der auf die Ernährung nicht allzu viel Acht gelegt wird. Die Dönerbuden und Fast-Food-Restaurants wachsen aus dem Boden wie die Pilze. Bei dieser Entwicklung und dem gestressten Alltag der Familien,ist es mir ein Bedürfnis, etwas positives zu unternehmen. Vitaminreiche und nährstoffhaltige Ernährung ist der Grundstein von Vitalität und Gesundheit. Da beim Dampfgaren kaum Fett eingesetzt wird, werden Sie die Speisen fettarm und leicht zubereiten. Die Nutzung eines Dampfgarers ermöglicht nicht nur schonendes und gesundes Kochen, sondern spart sogar auch noch Zeit. Während man beim normalen Kochen die Speisen am Herd im Blick haben muss, um zu verhindern, dass etwas überläuft oder anbrennt, kann man sich beim Dampfgaren anderen Dingen widmen. Weder umrühren noch wenden ist notwendig, da der heiße Dampf das Kochgut förmlich umstreicht, und so in die Tiefe eindringt. Alles wird gleichmäßig gegart und nichts brennt an.

Die Vorteile zusammengefasst:
Mit einem Dampfgarer lassen sich Gerichte schnell, einfach und gesund zubereiten. Die Anwendung ist einfach und spart Zeit und daneben kann auch noch der Energieaufwand reduziert werden.
Dadurch, dass wenig Öl und Gewürze eingesetzt werden müssen, lassen sich gesunde und vitaminreiche Speisen zubereiten. Der Dampfgarer ist also ein rundum intelligenter Küchenhelfer, der in keiner Küche fehlen sollte.

Champignons mit Köpfchen

Sie brauchen

- 1 Becher große schöne Champignons
- 200g Schinken (in sehr kleine Würfel geschnitten)
- 200g geriebener Käse
- 1EL süßer Senf
- 1 Bund Schnittlauch (geschnitten zum bestreuen)
- Salz & Pfeffer

Zubereitung

Dazu die Champignons waschen und den Hals herausdrehen. Danach mit der runden Seite nach unten in einen gelochten Behälter legen.
Die Zutaten für die Fülle gut miteinander vermischen und dann in die Köpfe der Champignons füllen.

Garzeit und Temperatur

2-3 Minuten bei 100°

Saure Erdbeeren mit Spargel

Sie brauchen

- 500g grüner Spargel
- 500g weißer Spargel
- 250g Erdbeeren
- ein paar Frühlingszwiebel

für die Marinade

- etwas Olivenöl
- etwas weißer Balsamico
- 6cl Sherry
- Salz, Pfeffer etwas Kardamom
- etwas frischen Ingwer

Zubereitung

Den Spargel waschen, eventuell schälen. In ca. 5-cm-Stücke schneiden. Dann in einen gelochten Behälter legen und garen.

Die Erdbeeren waschen und das Grün wegschneiden. In dünne Scheiben schneiden und gemeinsam mit dem gegarten Spargel auf einem Teller anrichten.

Marinade
Den Ingwer in fein reiben und gemeinsam mit den anderen Zutaten eine Marinade herstellen. Über den Spargelsalat geben und etwas durchziehen lassen.

Garzeit und Temperatur
Spargel 15 Minuten bei 100° garen

Sushi von der Gurke

Sie brauchen

- 250g Risotto- oder Sushi-Reis
- 200ml Wasser
- 200ml Weißwein
- etwas Gemüsebrühe
- etwas Weinessig
- 2 Salatgurken
- etwas Wasabipaste
- 1 Dose roten Forellenkaviar
- etwas Kresse
- Salz & Pfeffer

Zubereitung

Den Reis, das Wasser, den Weißwein, die Gemüsebrühe und den Weinessig gemeinsam in einen Garbehälter geben und garen.
Nach der Garzeit gut vermischen, nochmals herzhaft abschmecken und auskühlen lassen.
Die Gurken schälen längs halbieren.

Die weichen Kerne mit einem Löffel ausschaben. Die Wasabipaste (scharf!) dünn in die Mulde streichen und den Reis darin verteilen und glatt drücken. Abschließend noch die Gurken in Portionen unterteilen und mit dem Kaviar und der Kresse vollenden und dekorieren.

Garzeit und Temperatur

30 Minuten bei 100° garen

Cappuccino von Spargel & Bärlauch

Sie brauchen

- 1 große Kartoffel
- 250g grüner Spargel
- nach Geschmack Bärlauchblätter
- etwas Gemüsebrühe
- 1/2l Wasser
- 1/2 Becher Sauerrahm
- etwas Muskatnuss
- Salz & Pfeffer

Zubereitung

Kartoffel schälen und klein würfeln. Vom Spargel die hinteren Enden wegschneiden und den restlichen Spargel in kleine Stücke schneiden, waschen und grob zerkleinern. Alle Zutaten zusammen in einen Behälter geben und garen. Nach Ende der Garzeit die Suppe mit einem Mixstab ganz fein aufpürieren und mit 1/2 Becher

Sauerrahm und etwas Muskatnuss verfeinern und abschmecken.
In einer durchsichtigen Cappuccino-Tasse serviert und als Topping darauf frischen Milchschaum, wie Sie ihn auch auf einem „richtigen“ Cappuccino genießen! Noch etwas Paprika drüber stäuben und ein ausgestochenes Toastbrot-Herzchen dazu, fertig!

Garzeit und Temperatur
20 Minuten bei 100° garen

Kartoffel-Mango-Cremesuppe

Sie brauchen

- 300g Kartoffel
- 1 reife Mango
- 1 Stange Lauch
- 1 TL Gemüsebrühe
- 1/2l Wasser
- 1/2 Becher Sauerrahm
- etwas Kürbiskernöl
- Salz & Pfeffer

Zubereitung

Die Kartoffeln und die Mango schälen. Kartoffel klein würfeln und Mango vom Stein mit Messer lösen. Das Fruchtfleisch in kleine Würfel schneiden. Den Lauch waschen und in dünne Ringe schneiden. 3-4 EL von der Mango zur Seite geben und alle anderen Zutaten gemeinsam in einen Behälter füllen.

Nach Ende der Garzeit die Suppe mit dem Mixstab pürieren. Mit 1/2 Becher Sauerrahm verfeinern und abgeschmeckt in tiefen Tellern servieren. Als Topping Mangowürfel, Kürbiskernöl und eventuell gekrauste Petersilie darüber streuen.

Garzeit und Temperatur

20 Minuten bei 100° garen

Hauptgerichte
Fische

Fischröllchen auf Gemüsebett, Safransauce

Sie brauchen

- 300g Karotten
- 300g Sellerie
- 2 Fischfilets (zB. Zander oder Lachs)

Safransauce

- 1/8l Wasser
- etwas scharfer Senf
- 2EL Sauerrahm
- einige Safranfäden
- nach Bedarf Mondamin Fix
- 2EL Noilly Prat

Zubereitung

Karotten und Sellerie waschen, schälen und in feine Stifte schneiden. Danach in einem gelochten Behälter verteilen. Die Fischfilets putzen, salzen und in gleichmäßige Streifen schneiden. Danach wie eine Schnecke einrollen und auf das Gemüse setzen.

Safransauce

Die Zutaten der Sauce in einen Behälter vermischen und unter den gelochten Behälter mit dem Gemüse und den Fisch einschieben. Alles zusammen für 2 Minuten bei 100° garen.

Broccoli

Den Broccoli in gleichmäßige Röschen zerteilen und je ein Röschen auf ein Fischröllchen setzen. Alles zusammen für ca. 4 Minuten bei 120° garen. Die Saucengrundlage nach dem Garen gut durchrühren und eventuell noch mit etwas Sauerrahm verfeinern. Die Fischröllchen vorsichtig mit dem Gemüsebett auf einem Teller anrichten und mit der Safransauce übergießen.

Dazu passt sehr gut Safranreis oder auch ein Weißbrot Baguette.

Garzeit und Temperatur

Gemüse und Fisch 2 Minuten bei 100° garen

Seefisch - French Style

Sie brauchen

- etwas Butter
- 750g Seefischfilet
- 120g Gouda, gerieben
- Sauerrahm
- Vollmilch
- Schnittlauch, fein geschnitten
- Tomatenmark
- Salz & Pfeffer

Gratindeckel

- 3EL Semmelbrösel
- 3EL geriebener Gouda
- 3EL Petersilie, fein gehackt
- Zitronenzesten

Zubereitung

Gratinform mit der Butter ausfetten. Die Fischfilets säubern, salzen und in der Form verteilen. Einige EL Tomatenmark mit dem Schnittlauch, etwas

Milch, 2-3 EL Sauerrahm sowie den geriebenen Gouda in einer Schale gut vermischen. Danach das Gemisch über die Fische verteilen und backen.

Gratindeckel

Die Zutaten miteinander gut vermischen und die letzten 10 Minuten der Backzeit über den Fisch verteilen. Krustig backen lassen und vor dem Servieren noch mit Petersilie bestreuen.

Garzeit und Temperatur

1. Schritt - bei 100° und 100% Feuchte 10 Minuten
2. Schritt - bei 190° und 30% Feuchte 15 Minuten

Fleisch

Klassischer Kalbstafelspitz

Sie brauchen

- Wurzelwerk:
- Lauch, Karotten, Sellerie, Zwiebel und gelbe Rüben
- 1/4l trockener Weißwein
- 1/4l Wasser
- 1kg. Kalbstafelspitz
- Salz & Pfeffer
- Wacholderbeeren
- Loorbeerblätter

Beilagen

- Blumenkohl
- Zuckererbsenschoten
- Karotten
- Sellerie

Zubereitung

Wurzelwerk waschen, schälen und Julienne schneiden. In einen Behälter geben und mit dem Wasser und dem Wein aufgießen - Es sollte nicht mehr als 1/2l Flüssigkeit sein! Das Fleisch in einen Lochbehälter geben und über das Wurzelwerk mit der Flüssigkeit einschieben. Bei 120° für ca. 1 Stunde garen. Pro 500g Fleisch ca. 30 Minuten Garzeit rechnen. Falls Sie Ihren Tafelspitz gerne rosa haben möchten, senken Sie die Temperatur auf 90°. Dabei müssen Sie etwas mehr Garzeit rechnen - Sanftgaren!

Beilagen

Die Beilagen vorbereiten und passend von der Garzeit dazu schieben. Zum Beispiel Blumenkohlröschen 100° für 6 Minuten. Zuckererbsenschoten, Karotten und Sellerie in feinen Streifen bei 100° für 2 Minuten.

Garzeit und Temperatur

1. Schritt - bei 100° 60 Minuten
2. Schritt - unterschiedlich; bei 100° 6 bzw. 2 Minuten

Hähnchenbrustfilet an Fruchtsauce

Sie brauchen

- 2-3 Hähnchenfilets
- 1/8l Wasser
- 1EL scharfer Senf
- etwas Orangensaft
- reichlich Currypowder
- nach Bedarf Mondamin Fix
- 1 Mango
- 100ml Sauerrahm
- Salz & Pfeffer
- Kurkuma

Beilagen

- Broccoli
- Zuckererbesenschoten

Zubereitung

Die Hähnchenfilets putzen, salzen und in einen gelochten Behälter legen und in den Dampfgarer schieben. Die Mango schälen und mit einem Messer vom Stein lösen. Danach in kleine Würfel schneiden und etwa 1/3 davon in den Saucenbehälter geben. Den Rest vorerst beiseite legen.

Die restlichen Zutaten in einem Behälter miteinander gut mischen und unter die Hähnchenfilets einschieben.

Alles zusammen bei 140° für 15 Minuten garen.

Die Saucengrundlage nach dem Garen gut durchrühren und mit Sauerrahm verfeinern. Die restlichen Mangowürfel in die fertige Sauce geben und gut untermischen.

Beilagen

Die Beilagen vorbereiten und passend von der Garzeit dazu schieben. Zum Beispiel Blumenkohlröschen 100° für 6 Minuten. Zuckererbsenschoten und Karotten in feinen Streifen bei 100° für 2 Minuten. Dazu passt, je nach Jahreszeit, zum Beispiel Quinoa, Reis und Gemüse der Saison.

Garzeit und Temperatur

1. Schritt - bei 100° 15 Minuten

2. Schritt - unterschiedlich; bei 100° 6 bzw. 2 Minuten

Champignon-Gulasch mit Fleischbällchen

Sie brauchen

- 500g Kalbsgulasch
- 1 rote Zwiebel, gehackt
- 300g Schinken, groß gewürfelt
- 350g Champignon weiß
- 350g Champignon braun
- Kräuter der Provence
- Salz & Pfeffer
- Thymian
- Koriander
- etwas Kardamom

Hackfleischbällchen

- 200g Hackfleisch gemischt
- 1 Ei
- 1/8l Sherry
- 3-4 EL schwarzer Balsamico

Beilagen

- Wildreis
- Bandnudeln

Zubereitung

Die Zutaten für das Gulasch zusammen in einen Behälter verteilen und gut würzen. Die Zutaten für die Fleischbällchen zu einem Hackfleischteig verarbeiten, abschmecken und davon kleine Knödel formen. Diese Knödel dann in der Fleischpfanne obenauf verteilen.

Als Beilage eignen sich perfekt, Bandnudeln, Wildreis oder ein weißes Baguette.

Garzeit und Temperatur

1. Schritt - bei 100° und 100% Feuchte 20 Minuten
2. Schritt - bei 190° und 50% Feuchte 10 Minuten

Kartoffelgratin mit Pilzen

Sie brauchen

- 750g Kartoffel
- 300g Austernpilze
- 100g Blattspinat
- 100g Rohschinken
- 100g Blauschimmelkäse
- Salz & Pfeffer
- einige Pinien- und Kürbiskerne
- etwas geriebener Parmesankäse

Zubereitung

Die Kartoffel waschen und schälen und in dünne Scheiben hobeln. Die Austernpilze putzen und zerkleinern. Den Spinat ebenfalls waschen und gut abtropfen lassen. Den Rohschinken würfeln und den Blauschimmelkäse ebenfalls klein schneiden.

Danach alles zusammen in eine Gratinform nach einem Muster einschichten und die Kerne darüber streuen. Den Parmesan ebenfalls darüber verteilen.
Dazu schmeckt sehr lecker ein frischer Tomatensalat.

Garzeit und Temperatur

1. Schritt - bei 100° und 100% Feuchte 5 Minuten
2. Schritt - bei 190° und 60% Feuchte 35 Minuten

Osso-Bucco Speciale

Sie brauchen

- 4-6 Kalbshaxenscheiben
- 1 Dose passierte Tomaten
- 3EL Tomatenmark
- 1 rote Zwiebel
- 1 große Gelbe Karotte
- 100g Sellerie
- 2 Knoblauchzehen
- Salz & Pfeffer
- 1/4l Weißwein trocken
- 3EL Sardellenpaste
- der Saft einer Zitrone
- Oregano
- etwas frische Rosmarin

Zubereitung

Die Kalbshaxen in Mehl wenden. Die passierten Tomaten in einem Behälter verteilen. Die Zwiebel fein hacken und zusammen mit dem Tomatenmark und der grob geschnittenen Gelben Karotte und dem Sellerie ebenfalls in den Behälter. Das Fleisch obenauf legen und mit Rosmarin, Oregano, Salz & Pfeffer würzen.

Garzeit und Temperatur

1. Schritt - bei 100° und 100% Feuchte 20 Minuten
2. Schritt - bei 190° und 50% Feuchte 20 Minuten

Nach dieser Garzeit das Fleisch wenden, und mit dem Weißwein abgießen, die restlichen Zutaten dazugeben, und das Gemüse vorsichtig umrühren. Die Restgarzeit:

Garzeit und Temperatur

1. Schritt - bei 190° und 50% Feuchte 20 Minuten
2. Schritt - bei 100° und 100% Feuchte 10 Minuten

Danach alles abschmecken und mit Petersilie und Zitrone garnieren. Nochmals gut durchrühren, abschmecken und in einer flachen Schüssel, oder idealerweise auf einem Pastateller anrichten. Als perfekte Beilage eignet sich am besten Ciabatta.

Bayrischer Schweinekrustenbraten mit Bretzenfüllung

Sie brauchen

- 1-1,5kg mageres Schweinewammerl mit Kruste ohne Rippen (am besten vom Metzger eine Tasche zum befüllen einschneiden lassen)
- Wurzelwerk (Gelbe Rüben, Karotten, Zwiebel, Sellerie, Lauch und Knoblauch)
- Salz & Pfeffer

Füllung

- 4 Brezeln vom Vortag
- 1/8l lauwarme Milch
- 1/2 Zwiebel, gehackt
- 2 Eier
- frische Petersilie
- Salz & Pfeffer
- geriebene Muskatnuss
- Kümmel

Zubereitung

Die Brezeln in kleine Stücke schneiden und in einer Schüssel mit der Milch übergießen. Das Ganze für 10 Minuten einweichen lassen. Den Rest der Zutaten dazugeben und gut miteinander vermengen und abschmecken. Mit dieser Füllung das den Schweinebraten füllen. Danach entweder zunähen oder mit einem Spieß gut zustecken und abwürzen. Das Wurzelwerk mit der Hautseite nach oben in Behälter geben und rund um das Fleisch für die Sauce verteilen.

Garzeit und Temperatur

1. Schritt - bei 100° und 100% Feuchte 30 Minuten

Die entstehende (fette) Flüssigkeit abgießen, die aufgedämpfte Hautseite rautenförmig einschneiden und mit einem ordentlichen Schuss Dunkel-Bier übergießen. Danach noch mit Kümmel und Majoran bestreuen und nochmals garen.

Die Restgarzeit:

Garzeit und Temperatur

1. Schritt - bei 190° und 60% Feuchte 30 Minuten

2. Schritt - bei 165° und 60% Feuchte 35 Minuten

Den Kerntemperaturfühler auf 80° setzen.

Die Kruste zum Ende der Garzeit nochmals mit Bier übergießen und weitere ca. 10 Minuten auf 200° Grillen mit Heißluft schalten zum „rösch werden“. Als perfekte Beilagen eignen sich Serviettenknödel, Blaukraut, Kartoffelknödel und Sauerkraut.

Entenbrust „Honey-Style“

Sie brauchen

- 2 Entenbrustfilets
- 1/2 pro Portion
- 1/8l Madeira
- etwas Creme-Honig
- etwas schwarzer Balsamicoessig
- Salz & Pfeffer

Zubereitung

Die Entenburstfilets mit der Hautseite nach untern in einen Behälter geben und mit Salz & Pfeffer würzen. Danach einschieben für den ersten Garvorgang:

Garzeit und Temperatur

1. Schritt - bei 100° und 100% Feuchte 20 Minuten

Die ausgetretene fette Flüssigkeit komplett abgießen! Jetzt die Filets wenden sodass die Hautseite nach oben zeigt. Die Haut mit Creme-Honig bestreichen und mit Salz & Pfeffer würzen.

Den Madeira in dem Behälter eingießen und fertig braten lassen, bis eine schöne Bräune erreicht ist.

Die Restgarzeit:

Garzeit und Temperatur

1. Schritt - bei 190° und 60% Feuchte 20 Minuten

Den Saucenfond, der jetzt entstanden ist, anschließend auf dem Kochfeld etwas eindicken (Mondamin), einen guten Schuss Balsamicoessig dazugeben, abschmecken und gut heiß servieren.

Als Beilagen eignen sich dazu:

Semmelknödel - 90° und 15 Minuten

Wirsingreisbällchen - 100° und 20 Minuten

Rosenkohl - 100° und 6 Minuten

Blaukraut - 100° und 15 Minuten

Gedämpfte Hühnerkeulen mediterran

Sie brauchen

- 4 Stk. Hühnerkeulen
- 1 Melanzzani
- 1 Zucchini
- 1 Paprika rot
- 1 Zwiebel rot
- Salz & Pfeffer

Für die Marinade

- 1EL Zitronensaft
- 3EL Olivenöl
- etwas Chili
- Thymian
- 2 Rosmarinzweige
- Salz & Pfeffer

Zubereitung

Den Dampfgarer auf 100°C vorheizen.

Für die Marinade die Zutaten mischen.

Die Hühnerkeulen putzen, trocken tupfen, mit

Marinade einstreichen und auf ein ungelochtes Blech legen.

30 Minuten dämpfen.

Danach das gewürfelte Gemüse dazulegen, restliche Marinade angießen und weitere 12 Minuten dämpfen.

Gefüllte Hühnerbrust

Sie brauchen

- 2 Stück Hühnerbrustfilet à 200g
- 50g Ruccola
- 1 rote Zwiebel
- 4 Scheiben Serranoschinken
- 1 Zweigerl Rosmarin
- 1 Pkg. Feta
- Salz & Pfeffer

Kräutersalat

- 2 Salatzherzen
- 1 Radiccio
- 10 Blatt Basilikum
- 10 Blatt Minze
- 1 Bund Schnittlauch
- 3EL Olivenöl
- 1 Zitrone
- 2EL Balsamico-Essig
- Kräuter (Kerbel, Kresse, Majoran, Estragon…)
- Salz & Pfeffer

Zubereitung

Für die gefüllte Hühnerbrust zunächst die Hühnerbrustfilets kurz mit kaltem Wasser waschen und trockentupfen. Dann der Länge nach bis über die Mitte aufschneiden und aufklappen. Die Innenseite mit etwas Salz würzen.

Nun den Ruccola waschen und zurecht schneiden. Die rote Zwiebel schälen und in feine Ringe schneiden. Rosmarin abzupfen und grob hacken. Alle Zutaten in einer Schüssel zusammen mischen und den griechischen Schafskäse darüber verteilen.

Anschließend die Hühnerbrusttaschen mit der Masse befüllen, zusammenklappen und jeweils mit 2 Scheiben Schinken umwickeln und für ca. 15-20 Minuten im den Dampfgarer gar werden lassen.

Kräutersalat

Salate waschen und in Mundgerechte Stücke zupfen. Die Kräuter von den Stielen entfernen, Schnittlauch hacken und über die Blattsalate verteilen. Die Zitrone pressen. Aus Olivenöl,

Balsamico-Essig und Zitronensaft eine Marinade zubereiten, mit Salz und Pfeffer würzen und mit dem Salat vermengen.Die gefüllte Hühnerbrust mit dem Kräutersalat servieren.

Tipp

Für die gefüllte Hühnerbrust kann die Füllung nach Belieben abgeändert werden. So kann beispielsweise der Rucola durch frischen Blattspinat oder der Schafskäse durch Mozzarella ersetzt werden.

Nudelgerichte

Lachs-Fettuccine und Gemüse

Sie brauchen

- 500g Fettuccine, vorgekocht
- 125ml Schlagobers
- 3EL Crème Fraiche
- 125g Lachsfilet
- 2 Karotten
- 1 Zucchini
- 2 Tomaten
- etwas Petersilie
- Oregano
- Salz & Pfeffer

Zubereitung

Die Fettuccine vorkochen, in einen ungelochten Garbehälter geben und etwas auflockern. Die Karotten Julienne schneiden. Zucchini in kleine Würfel schneiden. Die Tomaten und den Lachs ebenfalls würfeln. Alle Zutaten, samt geschnittener

Petersilie auf den Nudeln verteilen. Etwas Schlagobers und Creme fraiche dazugeben und mit Salz, Pfeffer und mit Oregano würzen.

Temperatureinstellung: 100° C
Garzeit: 4 Minuten
Nach Ende der Garzeit die Nudeln gut durchmischen, und eventuell nochmals nachwürzen. Auf vorgewärmten Tellern servieren und mit frischer Petersilie und Pfeffer aus der Mühle bestreuen.
Als Beilage empfehlen wir einen gemischten Salat.

Forellenfilet mit Gemüsespaghetti

Sie brauchen

- 350g Spaghetti
- 3 Zucchini
- 3 Karotten
- 5EL Parmesan gerieben
- frische Kräuter
- 4 Forellenfilets
- Salz & Pfeffer

Zubereitung

Die Spaghetti al dente kochen. Gemüse waschen, putzen und hauchdünne Streifen abziehen oder in Stifte schneiden.

Die Forellenfilets mit Zitronensaft parfümieren und salzen (eventuell grobes Salz verwenden). Auf eine Klarsichtfolie geben und diese dann in ein gelochtes Blech legen.

Das Gemüse ebenfalls in einen gelochten Behälter geben und bei 120 ° 3 Minuten dämpfen. Dann mit den Spaghetti und dem Parmesan in einem

ungelochten Behälter mischen und auch die feingehackten frischen Kräuter drüber streuen.
Die Forellenfilets bei 100° einige Minuten dämpfen.
Nach 2 Minuten die Gemüsespaghetti in den Dampfgarer dazugeben und noch wärmen.
Auf vorgewärmten Tellern die Gemüsespaghetti anrichten und die Forellenfilets darauf geben.

Tipp

Spaghetti können auch im Dampfgarer gegart werden.
Hier ist wichtig dass die Spaghetti in einem möglichst breiten Behälter gegart werden, mindestens 4 cm mit Wasser bedeckt sein und sie sollten nicht zu viel übereinander liegen da sie sonst verkleben.
Die Garzeit entspricht dem Packungshinweis.

Gemüsenudeln

Sie brauchen

- 300g Nudeln nach Wahl (Farfalle, Makkaroni…)
- 200g Schlagobers
- 800ml Gemüsebrühe
- 150g Schinken
- 1/2 Stange Lauch
- 150g geriebener Mozzarella
- 150g Gemüse der Saison
- 1 Bund Petersilie
- 1EL Senf
- Salz & Pfeffer

Zubereitung

Die nicht gekochten Nudeln in einen ungelochten Behälter geben. Schinken und Lauch würfelig schneiden und mit Käse, Gemüse und gehackter Petersilie den Nudeln unterheben.

Das Schlagobers mit Salz, Pfeffer und etwas Senf mischen und gemeinsam mit der Gemüsesuppe zu den vorbereiteten Zutaten geben. Alles gut

vermischen und gut umrühren damit sich alle Zutaten mit der Sauce verbinden.
Im Dampfgarer bei 120° dämpfen. Die Zeit richtet sich nach der Art der Nudeln. Am besten man hält sich an die Empfehlung auf der Nudel-Packung. Während des Dämpfens einige Male alles gut durch mischen, damit die Nudeln nicht verkleben. Auf Tellern anrichten. Dazu passen optimal Salate.

Spaghetti mit Gorgonzola-Basilikum-Sauce

Sie brauchen

- 300g Spaghetti
- 500g Brokkoli (kleine Röschen)
- 200g Gorgonzola
- 200ml Schlagobers
- 2EL Parmesan gerieben
- 1 Bund Basilikum (fein geschnitten)
- 1 Stück Paprika rot
- Salz & Pfeffer

Zubereitung

Für die Spaghetti mit Gorgonzola-Basilikum-Sauce die Spaghetti al dente kochen, abgießen und gut abtropfen lassen. Brokkoli im Dampfgarer bei 120° für rund 4 Minuten garen. Gorgonzola mit Schlagobers in einem kleinen Topf erhitzen und glatt rühren. Die Sauce unter ständigen Rühren erhitzen, bis der Käse schmilzt. Dann die Gorgonzolasauce mit dem Handmixer aufschlagen. In einer vorgewärmten Schüssel die Spaghetti mit

Brokkoli, Gorgonzolasauce, Parmesan und Basilikum vermischen. Die Spaghetti mit Salz und Pfeffer abschmecken. Spaghetti mit Gorgonzola-Basilikum-Sauce anrichten und mit Paprikastreifen und Basilikumblättchen garnieren.

Tipp

Garzeiten Dampfgarer:

Einstellung Garen Gemüse 100°C

Garzeit 5 Minuten

Vegetarisches & Beilagen

Steinpilz-Risotto

Sie brauchen

- 250g Risotto-Reis
- 300ml Weißwein
- 300ml Wasser
- 2 Zehen Knoblauch
- ein paar Safranfäden
- Salz & Pfeffer
- 300g Steinpilze
- 1TL Gemüsebrühe
- Parmesan

Zubereitung

Den Reis zusammen mit der Flüssigkeiten in einen Behälter geben.

Garzeit und Temperatur

1. Schritt - bei 100° und 15 Minuten

In der Zwischenzeit alle anderen Zutaten vorbereiten. Nach dem Piepton den Reis gut rühren, die restlichen Zutaten dazugeben und weiter garen:

Garzeit und Temperatur

2. Schritt - bei 100° und 15 Minuten

Nochmals gut durchrühren und eventuell noch einige Minuten im Dampfgarer nachziehen lassen. Nach insgesamt ca. 30 Minuten ist das Risotto fertig. Mit reichlich frisch geriebem Parmesan, und etwas Zitronen-Thymian überstreut servieren.

Gemüselasagne

Sie brauchen

- 18 Stk. Lasagneblätter
- 600g Gemüse (Zucchini, Pilze, Melanzani, Paprika…)
- etwas Olivenöl
- 2 Knoblauchzehen
- 80g Zwiebel
- 2l Tomaten passiert
- Oregano
- 150g Parmesan gerieben
- 400g Mozzarella
- Butter
- Salz & Pfeffer

Guss für die oberste Schicht

- 1/4l Sauerrahm
- 3 Stk. Eidotter
- 80g Parmesan gerieben
- Salz & Pfeffer

Zubereitung

Für die Gemüse-Lasagne aus dem Dampfgarer das Gemüse in 1 cm große Würfel schneiden. Öl in einer flachen Pfanne erhitzen und die Gemüsewürfel kurz durch schwenken, Knoblauch beigeben und nochmals kurz anbraten. Das Gemüse aus der Pfanne schöpfen. Zwiebel in etas Öl glasig werden lassen und mit den passierten Tomaten ablöschen. Danach einige Minuten köcheln lassen.

Das Gemüse-Gemisch einrühren, mit Salz, Pfeffer und Oregano gut würzen.

Das Gemüse-Gemisch kalt werden lassen und Pecorino beimengen.

Eine Auflaufform ausbuttern, mit Lasagneblättern auslegen und ein Drittel der Gemüsemasse darüber verteilen. Mozzarella in Scheiben schneiden und die Lasagne damit belegen. Jetzt mit Lasagneblättern bedecken und den Vorgang wiederholen, bis alle Blätter und das Ragout aufgebraucht sind.

Für den Überguss Sauerrahm mit Eidotter und

geriebenem Käse vermischen, mit Salz und Pfeffer würzen. Über der komplett belegten Lasagne verteilen.

45 Minuten bei 120° im garen.

Man kann die Lasagne aber auch einige Stunden vorher zubereiten und später fertigstellen – dann verkürzt sich die Garzeit auf 25 Minuten.

Die Lasagne aus dem Dampfgarer nehmen und im Ofen mit der Grillfunktion bei 200° 5 Minuten bräunen.

Spinat-Quiche

Sie brauchen

- 300g Mehl
- 250g Topfen
- 100g Butter
- 1TL Backpulver
- Salz & Pfeffer
- 300g Blattspinat
- 1 Becher Sauerrahm
- 150ml Milch
- 3 Eier
- gerieben Muskatnuss
- 100g Edelpilzkäse
- 100g Gouda

Zubereitung

Das Mehl, den Topfen, die Butter und das Backpulver mit Salz in einer Küchenmaschine vermengen.

Danach rasch auf einem Backblech dünn ausrollen. Für die Füllung den Spinat gleichmäßig auf dem Teig verteilen. Den Sauerrahm und die weiteren Zutaten verrühren, abschmecken und über dem Spinat verteilen.

Garzeit und Temperatur

1. Schritt - bei 180° und 30% Feuchte 40 Minuten

Ratatouille

Sie brauchen

- 1 Dose gestückelte Tomaten
- 3 bunte Paprika
- 2 kleine Zucchini
- 4 Knoblauchzehen
- 2 rote Zwiebeln
- frische Kräuter (Thymian, Rosmarin, Salbei…)
- Salz & Pfeffer
- Olivenöl
- schwarzer Balsamicoessig

Zubereitung

Die Zutaten entkernt und in kleine Stücke geschnitten in einen geschlossenen Behälter einschichten.

Garzeit und Temperatur

1. Schritt - bei 100° und 100% Feuchte 10 Minuten

Die Ratatouille nach dem garen vorsichtig durch

mischen, einen ordentlichen Schuss hochwertiges Olivenöl darüber träufeln und mit Balsamico verfeinern. Mit reichlich frischen Kräutern überstreuen und servieren. Als Beilage empfiehlt sich ein Baguette. Nutzt man Ratatouille als Beilage, dann am besten zu Fleischgerichten oder Fisch.

Wirsing-Reis-Bällchen

Sie brauchen

- 50g Basmati-Reis pro Person
- 1TL gehackte Mandeln
- Salz & Pfeffer
- Wirsing-Blätter

Zubereitung

Den Reis im Verhältnis 1:1 mit Wasser in einen Behälter.

Garzeit und Temperatur

1. Schritt - bei 100° und 100% Feuchte 20 Minuten

Die Wirsingblätter vorsichtig vom Kopf lösen und in einen gelochten Behälter geben und blanchieren.

Garzeit und Temperatur

2. Schritt - bei 100° und 100% Feuchte 2 Minuten

Anschließend die dicke Rippe ausschneiden, ein Küchentuch auslegen und das Wirsingblatt darauf geben. Etwas Reis auf das Wirsingblatt geben und mit dem Blatt den Reis umwickeln.
Zusammen mit dem Tuch eine Kugel formen und diese dann in einen gelochten Behälter mit der schönen Seite nach oben legen.

Garzeit und Temperatur

3. Schritt - bei 100° und 100% Feuchte 5 Minuten

Schoko-Himmel

Sie brauchen

- 1/2 Becher Sahne (ca. 100ml)
- 50g Zucker
- 100g geriebene Mandeln
- 50g Weizenmehl
- 1 Ei
- 1 Pkg. Vanillezucker
- 3EL Kakaopulver
- 3EL Milch
- 3EL Joghurt
- 1/2 Pkg. Backpulver
- weiße Schokostückchen

Zubereitung

Mit dem Handmixer alles zusammen zu einem glatten Teig verarbeiten und in gebutterte Soufflé-Formen oder Tassen verteilen. In der Mitte je ein weißes Schokostückchen einlegen. Die Formen mit

Folie abdecken und auf den Rost oder einem gelochten Behälter in den Dampfgarer einschieben.

Garzeit und Temperatur

1. Schritt - bei 100° und 100% Feuchte 10-15 Minuten (je nach Größe der Formen)

Das Dessert sollte in der Mitte noch einen flüssigen Kern haben! Die Masse geht wunderbar auf und verdoppelt sich! Gestürzt oder im Glas serviert an Schlagobers oder mit fruchtigem Spiegel oder einfach einem Kompott. Schokostreusel drüber und mit einem Minzblatt garnieren.

Vanille-Topfen-Soufflé mit heißen Himbeeren

Sie brauchen

- 1/2 Vanilleschote
- 250g Topfen
- 1 Ei
- 2EL Zucker
- 1/2 TL Käsekuchenhilfe
- 1 Pkg. Himbeeren gefroren
- 2EL Gelierzucker

Zubereitung

Die Vanilleschote aufschneiden und das Mark mit dem Messerrücken herauskratzen. Danach mit dem Topfen, dem Ei, dem Zucker und der Käsekuchenhilfe gut verrühren und in Soufflé-Formen verteilen. Die Formen mit Folie abdecken und in einem gelochten Behälter in den Dampfgarer schieben.

Garzeit und Temperatur

1. Schritt - bei 90° und 100% Feuchte 15-20 Minuten (je nach Größe der Formen)

Die gefrorenen Himbeeren in einen Behälter geben und gut verteilen. Den Gelierzucker drüber streuen.

Garzeit und Temperatur

2. Schritt - bei 100° und 100% Feuchte 4 Minuten

Danach alles auf einem Dessertteller anrichten und mit Minze, Schoko oder Streusel verzieren.

Heißkalte Piña Colada

Sie brauchen

- 250g Topfen
- 1 Ei
- 2EL Zucker
- 1/2 TL Käsekuchenhilfe
- 100g Kokosflocken
- 1/2 Ananas
- 4cl Bacardi
- 1/2 Mango

Zubereitung

Den Topfen mit dem Ei, den Zucker der Käsekuchenhilfe und den Kokosflocken gut verrühren und auf Gläser aufteilen. Je nach Größe reicht die Menge für ca. 5 Personen. Die Formen mit Folie abdecken und auf einem gelochten Behälter in den Dampfgarer schieben

Garzeit und Temperatur

1. Schritt - bei 95° und 100% Feuchte 15-20

Minuten (je nach Größe der Formen)

Während der Garzeit wird aus der Ananas, dem Bacardi und der Mango die Sauce bereitet. Dazu das Obst schälen und in kleine Stücke schneiden. In einem Rührgefäß mit dem Mixstab pürieren und aufschäumen. Die Masse sollte dickflüssig sein! Nach Ende der Garzeit die Fruchtmasse auf das noch heiße Dessert geben und mit einem etwas Schlagsahne und Kokosflocken garnieren. Eventuell noch eine frische Mango- oder Ananasspalte oder eine frische Blüte zur Verzierung wie bei einem echten Cocktail und servieren. Für Kinder einfach den Alkohol weglassen und stattdessen Orangensaft verwenden.

Garzeit und Temperatur

2. Schritt - bei 100° und 100% Feuchte 4 Minuten

Danach alles auf einem Dessertteller anrichten und mit Minze, Schoko oder Streusel verzieren.

Dampfnudeln mit falscher Kirsche

Sie brauchen

- 500g Weizenmehl
- 1 Pkg. Trockenhefe
- 1/4l Milch
- 2 EL Zucker
- 1 Pkg. Vanillezucker
- Monchéri Pralinen

Zubereitung

In einer Küchenmaschine aus den Zutaten einen mittelfesten Hefeteig rühren, und je nach Größe der gewünschten Dampfnudeln den Teig mit einem Löffel oder einer Teigkarte abstechen. Jeweils in die abgestochene Teigportion eine Praline stecken. Einen gelochten Behälter einölen und die Nudeln locker nebeneinander einlegen. Diese Menge reicht für ca. 8 kleine Dampfnudeln.

Im Behälter mit einem Küchentuch zugedeckt bei Zimmertemperatur gut gehen lassen, und danach im Dampfgarer garen.

Garzeit und Temperatur

1. Schritt - bei 95° und 100% Feuchte 15-20 Minuten (je nach Größe der Formen)

Wunderbar dazu passen diverse Kompotte, Beeren und auch Vanillesauce.

Schlusswort

Der Dampfgarer hat in vielerlei Hinsicht mein Leben vereinfacht. Neben den genannten Speisen, die mehr als lecker sind, ist das Kochen sehr einfach geworden. Oftmals kann man einfach die Zutaten in den Dampfgarer geben, eine Start- und eine Endzeit programmieren, und zur gewünschten Zeit ist das Gericht fertig. Das ist sehr praktisch, wenn man Alleinerziehend ist und am Vormittag beispielsweise arbeitet. Am Abend davor oder einfach in der Früh die Zutaten rein in den Dampfgarer, programmieren, und mittags ist das Essen fertig, wenn man nachhause kommt. Somit eine enorme Erleichterung für den Alltag. Ausserdem ist dieser Querschnitt durch die Rezepte erst der Anfang! Einmal mit diesem Gerät begonnen, werden Sie es lieben und nicht mehr missen wollen. Ich kann Ihnen an dieser Stelle beim Kauf zu einem Kombi-Gerät raten. Mit einem Kombidämpfer ersparen Sie sich den Backofen und können alles in einem Gerät machen.

Auch fürs Abnehmen und Diäten eignet sich der Dampfgarer sehr gut. Dadurch, dass nahezu kein Fett verwendet werden muss, und die Zutaten noch alle Vitamine, Nährstoffe, Ballaststoffe und Spurenelemente inne haben, ist das Produkt, Ihr Gericht, gesund und werthaltig für den Körper!

Ich wünsche Ihnen an dieser Stelle gutes Gelingen und viel Vergnügen beim Nachkochen!
Ihre *Hannelore Siebert*

Haftungsausschluss

„Die Verwendung der Informationen in diesem Buch und die Umsetzung derselben erfolgt ausdrücklich auf eigenes Risiko. Der Autor kann für etwaige Unfälle und Schäden jeder Art, die sich bei der Zubereitung der Speisen ergeben, aus keinerlei Rechtsgrund die Haftung übernehmen. Haftungsansprüche können gegen den Autor für Schäden jeglicher Art, die durch die Nutzung der Informationen in diesem Buch, bzw. durch die Nutzung fehlerhafter und/ oder unvollständiger Informationen verursacht wurden, sind ausgeschlossen.

Folglich sind auch Rechts-und Schadenersatzansprüche ausgeschlossen. Der Inhalt dieses Werkes wurde mit größter Sorgfalt erstellt und überprüft. Der Autor übernimmt keine Gewähr und Haftung für die Aktualität, Korrektheit, Vollständigkeit und Qualität der bereitgestellten Informationen. Druckfehler können nicht vollständig ausgeschlossen werden. Weiterhin beruht der Inhalt dieses Werkes auf persönlichen Erfahrungen und Meinungen des Autors. Der Inhalt darf nicht mit medizinischer Hilfe verwechselt werden."

Impressum

1. Auflage

Kontakt: Philipp Schartner, Zaglausiedlung 24, 5600 St. Johann im Pongau

Covergestaltung: Hannelore Siebert

Coverfoto: fiverr.com

20039778R00047

Printed in Poland
by Amazon Fulfillment
Poland Sp. z o.o., Wrocław